AF357163

Pet. in 8º de 13 pages et 1 f. blanc.
Curieuse figure sur bois, au verso
du titre. —

L'exécution de ces parricides,
eut lieu au mois de Decembre
1603, "à Herfleur au pais de
"Caux pres du Havre de Grace"
(pag. 4).

DISCOVRS
LAMENTABLE DE
TROIS ENFANS QVI ONT
esté bruslés tous vifs, apres
auoir fait mourir leur pere
pour auoir son bien, aagé
de soixante ans.

Par le Pere Fr. I. de Chenours Carme.

Suiuant les memoyres qu'il en a reçeu.

Iouxte la Coppie Imprimee.

A BOVRDEAVX,
Par F. Budier, Imprimeur de Monseigneur
le Cardinal de Sourdis.

M. DCIIII.

DISCOVRS LAMENTABLE

*de trois enfans qui ont esté bruslés tous
vifs, apres auoir faict mourir leur pere
pour auoir son biē, aagé de soixante ans.*

COMME iestois sur le point, de r'apel-
ler mon esprit bien triste & affligé,
en la contēplation des accidens &
mal'heurs des hómes, & que le su-
jet déplorable du present discours
me fut apporté pour en laisser vn aduertissemét
à l'aduenir: i'ay cómencé pour lors a redoubler
mes sanglots, & m'escrier sur les frequentes cru-
autez de ce siecle miserable & infortuné, helas!
ay-ie dit, faut il encore que le sang du iuste Abel
cruellemét espandu sur la terre, crie vengeance
vers le Çiel?le téps auquel les Geás ont causé vn
general deluge viédra il a renaistre, ou bien fau-
dra-il tousiours que le pauure Roy Dauid cher-
che les destroicts des montaignes cauerneuses,
pour euiter la furie de son fils Absaló desia parricide en sa peruerse volóté?ouy à respódu mó
imagination, poussée de ses tristes nouuelles.

Car nous en auós tous les iours l'experiéce qui
nous móstre au doigt, des senblables auortons
de la nature, qui degenerent tout a fait de l'hu-
meur des hómes, pour se vestir de la cruauté des

A ij

tigres & Lyõs. Chofe que ie nofe quafi pronõ-
cer, ces iours paffez fur le mois de Decébre mil
fix cés trois, trois enfans furét bruflés tous vifs,
à Herfleur au païs de Cau, pres du habre de Grace, & ce pour auoir enfanglanté leurs mains du
fang innocét de leur pere aagé de foixante ans,
pour auoir fon bien. Miferable generatiõ de vi-
peres, qui vous eftes veautrés dans voftre fang
mefme: cefte vieilleffe venerable ou le refpeſt fi-
lial deu à vn pere ne vous à il poinſt touché le
cœur? eftoit-ce l'office que vous deuiez rendre
à voftre pere, lequel vous auoit fi cherement &
fi foigneufement nourris? eft il poffible que de
trois enfans qu'il a mis au monde, il n'y en aye
pas eu vn bon? Pauure pere, bien t'euft il mieux
valu de nourrir quelque animal fans raifon : car
a tout le moins n'euft il pas procuré ta mort. O
peres & meres, qui perdez vos enfans, & les cõ-
duifez vous mefmes le plus fouuent au gibet, &
fuplices ignominieux, pour n'auoir corrigé leur
malice au temps de leurs tendres années, engra-
uez en vos cœurs cefte exemple.

Ce bon vieillard icy fe voyant tout les iours
molefté par fes enfans à caufe de fon bien, com-
méce vn iour entre autres à s'exclamer, & pleu-
rant à chaudes larmes, comme d'ordinaire on
voit les perfónes vieilles, lors qu'elles ont reçeu
quelque ennuy & fatigue, ce print a dire helas!
qu'elle nourriture ay-ie faiſt? ne fuis ie pas bien
mal-heureux en ce móde? Voila mes enfans, qui
deuroiét eftre le foulas de ma vieilleffe, lefquels
neantmoins ne me laiffent point en repos. Laif-
fez moy acheuer en paix mes briefues années,

ne me fera il point loyſible, pour trois iours que
i'ay à viure en ce monde, de iouïr paiſiblement
du bien que en la ſueur de mon front ie vous ay
acquis & en grande ſollicitude conſerué? patié-
tez vn peu mes enfans, car en fin vous aurez le
tout.

Or nonobſtant ſes plaintes douloureſes d'vn
pere deſolé, ces vipereaux nullement flechis,
commençerent à murmurer d'auantage, & entre autres le plus ieune & plus malicieux, ce
print à dire á ſes freres, que reſolument il faloit
auoir la bourſe de ſon pere, ou bien s'il repu-
gnoit à ce, qu'il le faloit faire mourir, & qu'il a-
uoit vn couteau bien tranchant expreſſement
à ce deputé.

Mais le bon pere, n'adioutant pas foy a ſes parolles, & penſant qu'il diſoit cela pour l'eſpou-
uenter ſeullement: eſpris toutes-fois aucunemét
de crainte, par ce qu'il les cognoiſſoit tous trois
tres-pernicieux, commence à recognoiſtre en
ſoy meſme, qu'il auoit oublié la verge en leur
ieuneſſe, & que la liberté trop grande qu'il leur
auoit baillée, ſeroit cauſe de leur perte, & peut
eſtre de l'auancement de ſa mort. Voyant donc
qu'ils eſtoient ſi obſtinés, les admoneſta encore
auec douceur en ceſte ſorte.

Mes enfans diſoit-il, tremblotant & de crainte & de deſpit, voyant vne ſi grande ingratitu-
de, ſi ie vous baillois maintenant tout mó bien,
dequoy me nourriroi-ie durant le reſte de mes
années plaines de vieilleſſe, veu que maintenát
ayát perdu mes forces ie ne ſçaurois trauailler
ioint que ie preuoy bien que vous le diuiſeriez

auſſi toſt, & qu'en fin ny vous ny moy n'auriós
rien pour viure.

Le bon pere cognoiſſoit bien, qu'ils eſtoyét
des enfans perdus, & qu'ils auroient auſſi toſt
diſſipé le tout en des bauches, ieux, banquets,
yurogneries & paillardiſes, comme l'enfant prodigue, & que en fin il ſeroit contraint
mandier ſon pain, choſe bien difficille a vn hó-
me ſi chargé d'années que luy, & qui auoit ac-
couſtumé de viure du reuenu de ſon bien. Mais
comme le Diable eſtoit deſia entré dans leurs
cœurs, ils n'eurent plus la patiéce de l'eſcouter:
ains comme vn autre Iudas, qui ſe haſtoit de faire ſon coup, pour auoir paiſible la bourſe ou
eſtoient les trente deniers de la vendition de
Ieſus Chriſt ſon maiſtre & ſon Dieu, eſtans tous
trois à table auec luy, commencerent a exercer
leur tyrannie parricide, & vomir tous trois la
cruauté, que pouſſez du Diable leur maiſtre, ils
auoient cóçeu enuers leur pere. Tellemét qu'ils
ſe leuerent de table comme Iudas apres auoir
mangé indignement le morceau de ſalut, & les
deux le tenans par derriere, l'autre le poignarda
cruellement, ſans trouuer aucune reſiſtáce : veu
que le pauure pere eſtant deſia vieux, auoit perdu ſes forces : ioint qu'ils le ſaiſirent en traiſtres,
& que le pere n'euſt iamais penſé que ſes enfans euſſent voulu exercer ce cruel, & parricide
maſſacre ſur luy. Car helas! auec qui ſe fieroit le
pere ſi ce n'eſt auec ſes enfans ? ie ne me ſçaurois
perſuader vn tel acte, n'eſtoit que les exéples du
paſſé m'y confirment, & que tant plus le móde
va en auãt, tãt plus ſa malice croit & s'augméte.

Voila donc le pauure homme meurtry à table:qui auoit encore le morceau a la bouche,le voila sur la place estendu, qui remue encore les pieds & les mains, auquel le cœur est palpitant encore,& quelque peu de sang tout chaud encore dans les veines qui l'accompagne aux derniers abois, voila son sang qui ruisseloit par la place criant vengeãce à Dieu & la mort d'vn pere venerable, appellant en iugement ses enfans meurtriers & parricides.

Entre ses entre faictes furieuses & enragées, ils commencent prẽdre conseil entr'eux, ou est ce qu'ils le deuoiẽt mettre, afin que la iustice ou autre ne s'apperçeut quest-ce qu'il estoit deuenu. Miserables qu'ils estoient,ne preuoyans pas que rien n'est caché à Dieu, & qu'il n'y à aucun peché qui demeure impuny. Sur ce point donc, ils prindrent resolution de le porter subtillemẽt aupres de la riuiere en quelque cauerne secrette, comme anciennement les freres de Ioseph, & l'à l'enterrer, ô pauure pere est-ce la compagnie que tes enfans t'eussent deu faire en terre saincte, les larmes aux yeux, si tu eusse esté mort en ton lit ? est-ce le tombeau de tes ancestres que tes enfans te procurent pour t'enseuelir honoroblement en vray Catholique, & selon tes merites ? faut il que apres auoir si bien vescu,ton pauure corps meurtry & nauré en cét endroicts par tes enfans mesme,soit porté hors de l'Eglise,hors de la terre saincte comme si par heresie,desespoir ou autre crime tu l'eusses merité?ô chose lamentable,ô chose monstreuse ; ô mort cruelle & deplorable,ô cruauté parricide,

ô parricide cruel, helas! le monde fera il touſiours chargé de tels mœurs & conſeils mon-
ſtreux : la terre ſera elle touſiours abreuée de
ſang, & l'air ſera il touſiours fendu de glaiues? ie
voy bien mon Dieu, que ce ſont nos pechez qui
cauſent tels monſtres ſur la terre , & qu'il faut
que par fois le iuſte patiſſe pour l'iniuſte , quant
aux peines corporelles: mon Dieu vous eſtes iuſte , & rendrez enfin a vn chacun les guerdons
de ſes merites ou demerites.

Mais venons à nos trois parricides , ils commencent à le trainer, & le prendre l'vn par les
bras, & l'autre au trauers du corps , & en fin en
quelque façon ſecrette le portent au lieu deputé & la l'éſeueliſſent à la haſte, pouſſez tant pour
la crainte qu'ils auoient que du deſir d'aller deſ-
partir ſes eſcus & diuiſer ſon bien. Or ils auoiét
vne ſœur, laquelle par cas fortuit eſtoit allée de-
hors en quelque lieu , peut eſtre enuoyée par ſó
pere, comme luy ayant eſté touſiours fort offi-
cieuſe & ſeruiable, aymãt ſon pere, ainſi qu'vne
fille ſage & honneſte doit faire. Ceſte fille icy
eſtant venuë, ne trouuant point ſon pere, ſe dou-
ta auſſi toſt de quelque choſe, ſçachant la malice
de ſes freres, & que ſon pere ia vieux ne ſortoit
guere: mais craignant qu'ils luy en fiſſent autant, leur demanda ou eſtoit ſon pere ſans faire
ſemblant de rien , & eſtant dauantage confir-
mée par leurs rudes reſponces, & les voyãt tous
changés à la façon des malfaicteurs , & qu'ils
auoient rauagé toute la maiſon : s'en va prom-
ptement à la iuſtice, plaine de douleurs, & fon-
dant en larmes ſur la mort de ſon cher pere.
Tellement

.Tellement que apres auoir faict ſes plaintes, la
iuſtice s'aquitant de ſon deuoir y mit diligence,
& le plus ieune eſtant ſurpris encore au lit, con-
feſſa le tout, ne pouuãt euiter la peine deuë à vn
tel acte : & ayant accuſé les autres deux, furent
en fin bruſlez tous vifs, condamnés iuſtement
par la iuſtice: & leur pere les playes duquel ſoi-
gnoient encore toutes freſches, fut deſ-enterré,
& porté honorablement à l'Egliſe, & enſeuely
accompagné de beaucoup de gens de bien, qui
pluroyent les vns, & lamentoyent ſon deſaſtre,
comme l'ayans touſiours cogneu homme de
bien. Beaucoup le regretoyent pour ſa bonne
vie, & beaucoup pour les biens reçeus de luy.
Sa fille fut aſſiſtée de beaucoup de femmes ho-
norables qui la cõſoloyent, & les vnes par leurs
pleurs ſembloyent porter vne partie de ſes douleurs: & comme ſi elles euſſent eſté filles de ce
bon homme, teſmoignoient aſſez par leurs regrets, quelle auoit eſté ſa vie, & comment il
auoit veſcu touſiours en bon pere de famille,
ſans moleſter aucun de ſes voyſtns: perſonne ne
s'en plaignoit, vn chacun publioit ſes bonnes
meurs. La mort de ſon corps, bailla vne nouuel-
le vie à ſa reputation & ſemble que en mourãt,
il aye commencé à viure: car auſſi eſt ce le guer-
don des vertueux la fin deſquels immortaliſe
leur nom.

Mais helas! nonobſtant ſes charitables conſo-
lations prouenantes de ſes voyſines ſi officieu-
ſes, qui pourroit raconter les pleurs & cris la-
mentables de ceſte fille? qui euſt peu eſcouter
ſes ſouſpirs & ſes ſanglots, ſans fondre en l'ar-

mes auec elle ? n'eſt ce point mon pere qui eſt
ainſi meurtry, diſoit elle coup a coup, à que feray-ie pauure deſolée. Faut il que ie perde mon
pauure pere, que ne ſuis-ie morte auec vous,
helas! que ie le deſirerois : car auſſi ne feray-ie
que mourir tous les iours icy apres vous, &
pleuſt à Dieu que vous & moy, n'euſſions qu'vn
meſme tombeau , enterrez enſemble en vne
meſme heure. Que pleuſt á Dieu que fuſſe·ie
morte il y a dix ans ou au ventre de ma mere,
pour n'auoir veu vn tel deſaſtre, & ſi deſauenta-
geux pour moy. Faut-il que i'aye encore des
yeux pour vous voir ainſi enſanglanté mon pere? O mes cher voyſins & voyſines, tuez moy, ie
vous pardonne de bon cœur ma mort, pourueu
que ie tienne compagnie à mon pere , pourueu
que vous m'enterriez auec luy, & que mes cen-
dres accompagnent celles de celuy ſans lequel
ie ne puis viure. Mon pere bien aymé, ne vous
verray-ie iamais plus? ô quel mal-heur meſt arri-
ué, diſoit elle ſe frappant des mains: ou eſt maintenant l'amitié paternelle que vous m'auez por-
tee ? àh! que nay-ie encore du temps pour vous
ſeruir & vous aymer de tout mon cœur. Ah que
ne ſuis ie hors de ce monde, pour n'y demeurer
apres vous, y a il choſe qui me puiſſe couſoler
puis que ie pers la conſolation que ie reçeuois
de vous? vous eſtiez mon eſpoir, mon ſoulas , &
ma ioye, & apres Dieu il n'y a choſe que i'ay-
maſſe tant que vous.

Cependant que ceſte pauure fille ſe l'amentoit
ainſi, & qu'elle prouoquoit vn chacun des aſſi-
ſtans à pleurs, on finit le ſeruice diuin , & non

sans la voir plusieurs fois tomber pasmée par
terre, aupres du tombeau de son pere, tãt estoit
elle affoiblie de regrets, & mesme n'ayant quasi rien mangé, depuis trois ou quatre iours qu'elle auoit sceu la mort de son pere. On la recon-
duit en sa maison, qui luy sembloit vne horrible
prison, au lieu qu'au parauant elle ne prenoit
guere plaisir alleurs , ains comme vne vierge sa-
ge, aymoit la solitude s'estimant estre assez ac-
compagnée, estant auec Dieu & auec son pere.
Ce pendant on nettoya secrettement la cham-
bre, à fin que le sang de son pere qui estoit encore tout frais, ne luy creuast dauantage le cœur.
Les voysines qui estoient quasi autant affligées
comme elle, esmeues de ses regrets, taschoyét a
luy faire prendre quelque bouillon pour la remettre: mais helas! en quelle affliction & amer-
tume estoit ceste pauure fille? a grãd peine trois
iours apres peut elle mãger chose quelconque,
pour remettre son corps d'ebilité & abatu d'ennuis : on nentendoit que souspirs, on ne voyoit
que larmes, & parmy ses gemissemens, nauoit
autre chose en la bouche que ses tristes & la-
mantable parolles. O pauure fille ! que feras-tu?
ô Dieu! faut il que ie meure tous les iours de tri-
stesse ? est il possible que vous m'ayez sitost de-
laissee mõ pere. O maleureuse iournée! ô destin
fatal que ne mas tu osté la vie à moy seulle, ou
que n'as tu faict mourir la fille auec son pere
tant aymé , tant chery, tant honoré? mon Dieu,
n'estoit la crainte de vostre nom que pieuse-
mét ie redoute sçachant que vous me proposez
la patience , ie maudirois le iour & l'heure que

iamais ie n'aquis au monde , & vous demande-
rois en fanglotant & de mifere & d'ennuy &
trifteffe, comme vn autre Iob , mon Dieu pour-
quoy m'auez-vous tirée du ventre de ma mere?
que à la mienne volonté fuffe-ie confommée
ou côme fi ie n'auois pas eu l'eftre : car helas! feray-ie dorefnauant le receptacle des miferes,
des mal-heurs & ennuis?

Ainfi perfeueroit cefte fille en fes doleances
& ne pouuoit mettre fin à fes pleurs, tant eftoit
elle remplie de douleurs, & pleuft à Dieu que
tous les enfans & filles de noftre temps fuffent
fi officieux enuers leurs peres & meres , on ne
verroit plus l'enfant & la fille plaider publiquement contre fon pere & fa mere , n'y le frere
contre le frere : Les mains des parricides ne
trouueroyent plus de couteaux pour meurtrir
leurs propres parens. Et la terre ne porteroit
plus tant d'auancoureurs de l'Antechrift. Ie voy
bié que fes monftres prouiennent du peu de de-
uotion qui eft auiourd'huy au monde. On ne fe
fouuient point de Dieu & par ainfi iuftement il
nous oublie, & permet que tombions en mille
inconueniens. Mais feruons le de bon cœur, &
employons noftre principal foin à fon feruice,
& il ne permettra point que tels accidens nous
arriuent. Ie vous faicts prefent de cefte hiftoire
veritable , ô peres & meres, à fin que vous
preniez garde à vos enfans. Aux enfans mu-
tins & rebelles à leurs parens , ie propofe les
griefues punitions que les anciens ont ordon-
né à tels vipereaux. Anciennement on les lapi-
doit publiquement & les payens mefme pour

mieux repreſenter la grandeur du peché, me-
toyent les parricides dans vn ſac auec vn chien,
vn coq, vn ſinge, & vne vipere, & les iet-
royent tous vifs dans la mer, ou bien les expo-
ſoyent aux beſtes. Les iuges de noſtre temps
les bruſlent tous vifs, comme nous voyons l'exemple de ſes trois enfans parricides, Dieu vueil-
le que le preſent diſcours amoliſſe le cœur de
tels meurtriers, & que ie n'entende iamais plus
telles nouuelles.

FIN.